Burghard Bartos

Das will ich wissen

Auf dem Ponyhof

Burghard Bartos
wurde in Hamburg geboren. Er veröffentlichte erste Bücher
während seines Studiums der Germanistik und Publizistik und
lebt heute in Buxtehude als Sachbuchautor und Fotograf.
Wichtige Themen sind für ihn Tiere, Natur und Technik, Biografien.

Sonja Firmenich
studierte Illustration in Lüttich. Seit ihrem Abschluss unterrichtet sie
Kunst in einer Schule in Olpen (Belgien). Nebenbei hat sie schon viele
Kinderbücher illustriert.

Burghard Bartos

Das will ich wissen
Auf dem Ponyhof

Arena

In neuer Rechtschreibung
***

Sonderausgabe 2008
© 1999 by Arena Verlag GmbH, Würzburg
Alle Rechte vorbehalten
Einband und Illustrationen: Sonja Firmenich
Gesamtherstellung: Westermann Druck Zwickau GmbH
ISBN 978-3-401-06282-2

www.arena-verlag.de

Inhalt

Ponyhof »Kleines Hufeisen«

»Aufstehen, Marie!«, ruft Vater.

»Bin schon lange fertig«, ruft Marie zurück.

Sie sitzt auf ihrem Bett und lacht.

»Tatsächlich«, sagt Vater.

Marie ist schon gewaschen und angezogen.

Auch die Haare hat sie sich gekämmt und

zum Pferdeschwanz gebunden.

Aber heute ist ja auch
ein ganz besonderer Tag!
Marie fährt nämlich für eine Woche
auf den Ponyhof »Kleines Hufeisen«.

Dann frühstücken sie, Vater, Mutter und Marie.
Marie trinkt ihre Milch wie jeden Tag
aus ihrem Becher mit Pferden drauf.
Bei Marie gibt es überall Pferde.
Auf ihrem Rucksack, auf ihren T-Shirts,
bei ihren Spielsachen und ihren Büchern –
überall Pferde.
Marie ist nämlich pferdeverrückt.
So nennt Vater das.
Und Marie ärgert sich gar nicht.
Pferdeverrückt ist doch toll,
weil Pferde toll sind,
findet Marie.

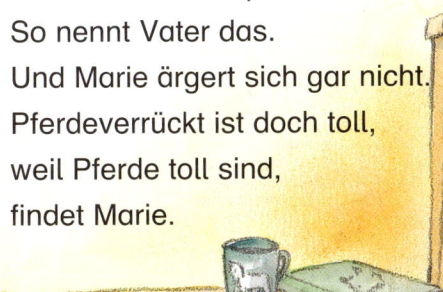

Nach dem Frühstück fahren sie los.
»Halt«, ruft Marie.
Sie hat gemerkt,
dass sie ihr Notizbuch vergessen hat.
Und das Notizbuch braucht Marie unbedingt.
Nicht nur weil ein Pferd drauf ist.
Nein, Marie muss doch alles aufschreiben,
was in dieser tollen Woche passiert.
»Jetzt aber los, mit neunzig Pferdestärken«,
sagt Marie und schnallt sich an.

Schon brausen sie los.
»Wir fahren tatsächlich schneller
als der Ponyexpress«, sagt Marie.
»Aber beim Ponyexpress hätte es mir
trotzdem besser gefallen.«
»Erzähl mal davon!«, sagt Vater,
»du musst es doch wissen.«

Das lässt sich Marie nicht zweimal sagen.
Sie hat letzte Woche in der Schule
den besten Aufsatz geschrieben.
Über den Ponyexpress und ein Mädchen!
Jetzt erzählt Marie ihren Eltern,
was sie geschrieben hat.
Es geht wie am Schnürchen.

Maries Geschichte spielt
vor langer Zeit in Amerika.
Damals konnte man
Briefe mit dem Ponyexpress verschicken.
Jeder Reiter bekam
eine Satteltasche voller Briefe.

Damit jagte er auf seinem Pony
quer durch den Wilden Westen.
Jede halbe Stunde kam eine Raststation.
Dort wechselte der Reiter sein Pony.
Er sprang von dem erschöpften Pony
auf ein frisches,
das schon fertig gesattelt wartete.
Und weiter ging es im Galopp!

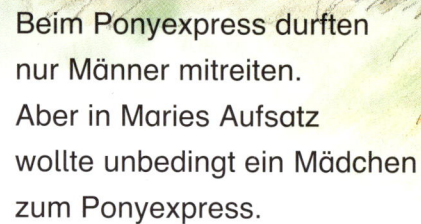

Beim Ponyexpress durften
nur Männer mitreiten.
Aber in Maries Aufsatz
wollte unbedingt ein Mädchen
zum Ponyexpress.

Also hat sich das Mädchen
wie ein Junge angezogen.
Beim Vorreiten war sie die Schnellste
und durfte deshalb mitreiten
beim Ponyexpress.
Über das weite Land ist sie galoppiert,
an kleinen Farmen vorbei,
an Flüssen und Bergen.
So konnte sie immer
mit einem Pony zusammen sein.

11

»Tolle Geschichte!«, sagt Vater.
Mutter findet das auch.
Marie ist sehr stolz.
Sie denkt:
Das Schönste ist, wenn man immer
mit Ponys zusammen sein kann.
Und das wird sie
jetzt selber erleben!
So aufgeregt war Marie noch nie.

Nun bremst das Auto
vor einem großen Tor.
Über dem Tor steht:
Ponyhof Kleines Hufeisen.
»Hurra, wir sind da!«,
ruft Marie und springt aus dem Auto.

Neue Freunde

»Ach, sind die süß!«, ruft Marie.
Sie lässt ihren Rucksack fallen
und Vater und Mutter stehen.
Marie rennt zur Koppel hinüber.
Dort stehen zwei kleine Ponys am Zaun.
Marie will die beiden streicheln.
Da kommt eine Frau auf Marie zu.
»Guten Tag. Bist du Marie?«
»Ja«, sagt Marie, »und wer sind Sie?«
»Ich bin Frau Hufnagel,
deine Mutter hat mit mir telefoniert.
Und damit du gleich etwas lernst:
Ponys fummelt man nicht im Gesicht herum.
Klopf ihnen den Hals
und red langsam auf sie ein.
Das mögen Max und Moritz gern.«

Die Ponys schnuppern zutraulich
an Maries Pullover.
Marie ist sehr stolz.
Sie steckt die Hand in ihre Hosentasche.
»Zucker?«, fragt Frau Hufnagel.
»Nein«, sagt Marie. »Eine Karotte.«
»Sehr gut«, sagt Frau Hufnagel.
Marie bricht die Karotte mitten durch
und gibt jedem Pony ein Stück.
Vorsichtig nehmen Max und Moritz
die Stückchen aus Maries flacher Hand.
Es kitzelt.
Marie zuckt kein bisschen.

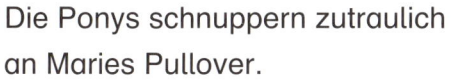

Und jetzt klopft sie beiden den Hals.
»Sehr gut«, sagt Frau Hufnagel.
»Jetzt hast du zwei neue Freunde.«
»Na, dann können wir uns ja verabschieden«,
sagen Vater und Mutter
und drücken Marie noch einmal ganz fest.
Marie winkt ihnen hinterher.
Aber nur mit einer Hand,
mit der anderen krault sie Max am Hals.

Kleine Ponys, große Ponys

»Warum heißen Ponys eigentlich Ponys?«,
fragt Marie.
»Weil sie so lustige Stirnfransen haben?«
»Nein«, sagt Frau Hufnagel.
»Alle Pferde, die kleiner sind
als 1,47 Meter, werden Ponys genannt.
Hier am Widerrist wird das gemessen.«

Widerrist

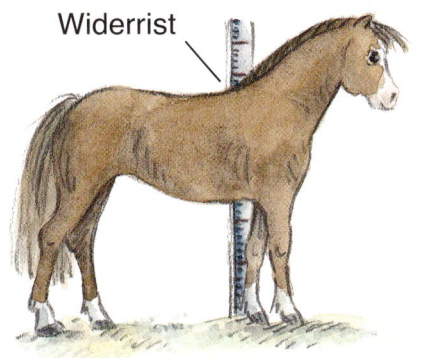

»Was sind denn Max und Moritz für Ponys?«,
fragt Marie.
»Max und Moritz sind Shetlandponys.
Sie heißen nach einer kalten, nassen Insel,
auf der es nur wenig Futter gibt.
Darum sind Shetlandponys so klein.«

»Ihr Fell ist so schön strubbelig.«
Marie rubbelt den beiden
über das Ponyhaar zwischen den Ohren.
»Haflinger sind viel größer«,
sagt Frau Hufnagel.
»Haflinger stammen von
hoch oben aus den Alpen.
Dort fressen sie das gute Gras der Berge,
das macht sie groß und stark.
Haflinger tragen sogar schwere Reiter.«

Haflinger

Welshpony

Welsh-Mountainpony

Exmoorpony

»Und die dort, die schlanken?«, fragt Marie.
»Das sind deutsche Reitponys«,
sagt Frau Hufnagel.
»Wem der Haflinger zu groß ist
und der Shetty zu klein,
der schwingt sich auf ein Reitpony.
Es gibt noch viel mehr Ponyrassen.
Komm, im Haus zeige ich dir ein Buch
mit ganz vielen verschiedenen Ponys.
Und deine Sachen packen wir auch aus.«

deutsches Reitpferd

Dalespony

Fjordpony

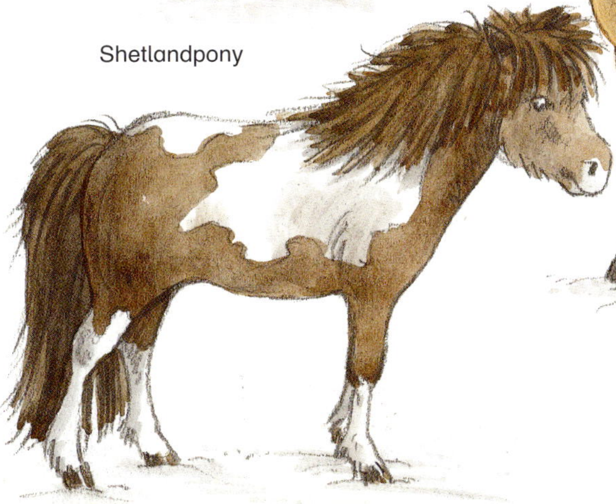

Shetlandpony

Islandpony

Die erste Reitstunde

Marie packt ihre Sachen aus.
Und sie probiert ihr Bett.
»Sind eure Betten auch so hart?«,
fragt sie die anderen Mädchen im Zimmer.
»Und wie«, sagen die drei.
Aber Marie rennt schon wieder auf den Hof.
Jetzt kommt die erste Reitstunde.
Zuerst geht Marie mit Frau Hufnagel
in die Sattelkammer.
Dort hängen viele Sättel an der Wand.
»Siebzehn Stück«, zählt Marie.
»Jedes Pferd hat seinen eigenen Sattel«,
sagt Frau Hufnagel.
»Ein Sattel muss zum Ponyrücken passen.
Und das Halfter auch.«

Frau Hufnagel zeigt Marie,
wie das Halfter
dem Pony über den Kopf gestreift wird.

Dann lernt Marie aufsatteln.
Jetzt darf sie ihr Pony
auf die Reitbahn führen.
»Setz zuerst die Kappe auf den Kopf«,
sagt Frau Hufnagel.
»Linker Fuß in den linken Steigbügel.«
Dann hebt sie Marie am rechten Bein hoch.
Und schwupp, sitzt Marie im Sattel.
»Hände zur Mähne«, sagt Frau Hufnagel.
»Ellenbogen ran, Rücken gerade
und die Fersen runter.«
Marie weiß gar nicht,
was sie zuerst machen soll.

Da packt Frau Hufnagel Max am Zügel
und geht auch schon los.
Marie wackelt und schwankt
und krallt sich in die Mähne.
»Gerade sitzen«, sagt Frau Hufnagel und:
»Schön ruhig, Max!«
So ziehen die drei ihre Bahn.
Als Marie nach einer halben Stunde
vom Pferd steigt, geht sie ganz breitbeinig.
»Donnerwetter«, sagt sie,
»Reiten macht aber einen harten Hintern.«

Nach dem Reiten

»So«, sagt Frau Hufnagel,
»erst hat dein Pony gearbeitet,
jetzt bist du dran.«
»Aber ich bin doch geritten.«
»Eben«, sagt Frau Hufnagel.
»Und dein Pony hat dich getragen.
Dafür hat es doch etwas verdient, oder?«
Das leuchtet Marie ein.
Zuerst nimmt sie Max den Sattel ab.
Unter dem Sattel hat Max geschwitzt.
Marie reibt ihn mit einem Strohwisch trocken.
Max gefällt das sehr,
er hält ganz still.

Dann kratzt Marie ihrem Max
die Hufe mit dem Hufkratzer aus.
In den Hufen sitzt Erde.
Und einen Stein hat Max sich eingetreten.

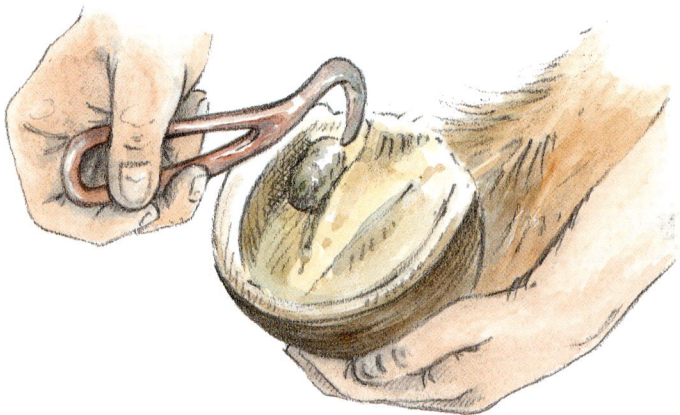

Marie holt einen Eimer mit Wasser
und wischt Max Augen und Nase ab.
Dann wäscht sie ihm den Pferdeschweif.
»Fein siehst du wieder aus«, sagt sie.
Und Max freut sich,
Marie weiß es ganz genau.
Jetzt muss nur noch
der Sattel gereinigt werden.
Und zum Schluss spült Marie
die Ponyspucke vom Zaumzeug ab.

Ponys sind halbe Wildpferde

»Und jetzt«, sagt Frau Hufnagel,
»bringen wir Max und Moritz
auf die Weide.
Die beiden haben bestimmt Hunger.«
»Bekommen sie keinen Hafer zu fressen?«
»Selten«, sagt Frau Hufnagel.
»Ponys sind noch halbe Wildpferde,
und Wildpferde kriegen niemals Hafer.
Unsere Ponys dürfen auch
das ganze Jahr über draußen bleiben.

Große Pferde würden das nicht aushalten.
Wenn wir große Pferde in Pension haben,
bleiben sie nachts im Stall.«

»Und die bekommen Hafer zu fressen?«

»Genau«, sagt Frau Hufnagel.

»Und trotzdem können Ponys hart arbeiten.
Nur mit Gras und Heu und ein paar Äpfeln.«

»Und Karotten«, sagt Marie schnell.

»Besonders unsere beiden Shettys«,
sagt Frau Hufnagel.

»Für ihre Größe leisten die beiden Kleinen
mehr als jedes Pferd.
Und dabei machen sie viel weniger Arbeit.«

»Kleine werden eben unterschätzt«,
sagt Marie und klopft Max den Hals.

Pferdeäpfel

Frau Hufnagel holt eine Schubkarre
und stellt sie mitten auf die Ponyweide.
»Hilfst du mir, Äpfel aufsammeln?«,
fragt sie Marie.
Marie sieht sich um:
»Aber die Apfelbäume blühen doch erst.«
»Äpfel gibt es genug, Pferdeäpfel«,
sagt Frau Hufnagel und lacht.
»Und die müssen runter von der Weide.
So eine Weide muss ausgemistet werden
wie ein Pferdestall.«

»Warum denn?«, fragt Marie,
während sie Pferdeäpfel in die Karre schippt.
»Pferde fressen nur, was ihnen schmeckt«,
sagt Frau Hufnagel.
»Rund um jeden Pferdeapfel
lassen sie das Gras stehen.
Wenn viele Pferdeäpfel auf der Weide liegen,
mögen die Ponys bald nichts mehr fressen.«
»Warum machen sie das so?«, fragt Marie.
»Weil Würmer in den Äpfeln sind.«
»Würmer?« Marie lacht.
»Genau wie bei richtigen Falläpfeln,
da sind auch Würmer drin.«

»Ja«, sagt Frau Hufnagel.
»Aber die Würmer in den Pferdeäpfeln
machen unsere Ponys krank.
Wenn wir die Weide nicht sauber halten,
muss bald der Tierarzt kommen.«
»Eigentlich müsste es ja Ponyäpfel heißen«,
sagt Marie.
»Überhaupt, bei richtigen Äpfeln
gibt's auch verschiedene Sorten.«

Schief gelaufen

Marie steht in der Sattelkammer.
Sie wachst den Sattel von Max ein,
damit er schön geschmeidig bleibt.
Zwischendurch seufzt sie wohlig,
im Stall riecht es so schön nach Pferd.
Da fährt ein Auto auf den Hof.
Ein großer Mann steigt aus.
»Hallo«, ruft er.
Dann sagt er zu Marie:
»Ich bin der Hufschmied.«
Hinten auf dem Auto stehen sein Amboss
und eine Kiste mit Hufeisen.

Der Hufschmied sieht sich
bei allen Ponys die Hufe an.
Marie passt genau auf.

»Gibst du mir mal die Feile?«,
sagt der Hufschmied.
»Wendy hat sich die Hufe schief gelaufen.
Das ist wie bei uns Menschen,
wir laufen auch die Schuhsohlen schief.
Jetzt muss ich den Huf vorsichtig abfeilen,
bis er wieder gerade ist.«

»Kriegt Wendy keine Hufeisen?«,
fragt Marie.
»Ponys brauchen selten Hufeisen.
Sie haben sehr harte Hufe,
die nutzen sich auf weichen Wegen wenig ab.
Nur wer viel übers Pflaster reitet,
lässt seine Ponys mit Eisen beschlagen,
so wie bei den Pferden.«
»Jetzt weiß ich's«, sagt Marie,
»Hufeisen sind für Ponys
so eine Art Bergstiefel.«

Marie im Sattel

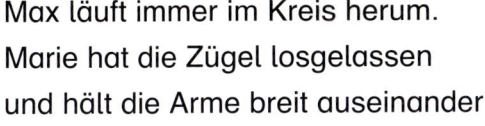

Am dritten Tag kann Marie
schon gut im Sattel sitzen.
Sogar im Trab.
Max läuft immer im Kreis herum.
Marie hat die Zügel losgelassen
und hält die Arme breit auseinander.
»Ich hab gar keine Angst!«,
ruft sie stolz.
Alle Reitschüler gucken hin.
Da verliert Marie den linken Steigbügel
und kippt aus dem Sattel.
Wie gut, dass Marie die Reitkappe trägt,
die wirkt wie ein Sturzhelm.

»Hast du dir wehgetan?«, fragt Frau Hufnagel.

»Na-hein!«, ruft Marie.

»Na, dann wieder in den Sattel«,
ruft Frau Hufnagel.

»Aber jetzt ohne Steigbügel.
Halt dich schön an der Mähne fest.
Und los im Trab.«

Wenn ich das zu Hause erzähle, denkt Marie.
Erst freihändig und dann ohne Steigbügel.
Das glaubt mir nicht mal meine beste Freundin!

Ein Platz zum Reiten

»Schade«, sagt Marie,
»unser Garten ist für ein Pony zu klein.
Bloß gut, dass es den Ponyhof gibt.«
»Genau«, sagt Frau Hufnagel.
»Wer nur mal probieren will,
ob ihm das Reiten Spaß macht,
der muss nicht gleich ein Pony kaufen.
Der kommt zu uns auf den Ponyhof.
Wir haben für jeden das richtige Pony,
ob groß oder klein, ob langsam oder schnell.
Viele Leute wollen auch nur reiten,
sich aber nicht um ihr Pony kümmern.

Ein Pony braucht aber
an jedem Tag der Woche Pflege.
Deshalb gibt es bei uns immer Arbeit.
Und wer wenig Geld hat,
der kann kommen und uns helfen.
Er fegt den Hof, macht den Stall sauber,
wäscht das Zaumzeug …«
»… und sammelt Pferdeäpfel von der Weide«,
sagt Marie schnell.
»Und dann darf er auch umsonst reiten«,
sagt Frau Hufnagel.
»So kann er am Wochenende
und in den Ferien
mit den Ponys zusammen sein«,
sagt Frau Hufnagel.
»Dann kann er sogar bei uns wohnen.«

Maries großer Wunsch

Heute war ein toller Tag.
Erst ist Marie auf der Reitbahn
im Galopp geritten.
Dann hat sie mit Max
auf der Weide Fangen gespielt.
Ganz lange.
Max hat natürlich gewonnen.

Und dann kam der erste Ausritt,
mitten in den Wald.
Marie ist mit Max
durch einen Bach geritten,
wie nichts.
Frau Hufnagel hat beide sehr gelobt.

Und abends gab es ein großes Reiterfest.
Aus der ganzen Gegend
sind Reiter mit ihren Ponys gekommen.
Alle haben Geschichten erzählt und gelacht
und Hufeisen-Werfen gespielt.
Als es dunkel war,
haben sie ein Lagerfeuer angezündet
und zusammen Reiterlieder gesungen.

Marie ist noch einmal zu Max gegangen,
mit zwei Äpfeln in der Tasche.
»Ich komme ganz bestimmt wieder«,
sagt sie zu Max.
Plötzlich fällt eine Sternschnuppe
vom Himmel.
Marie lächelt.
Wer eine Sternschnuppe sieht,
darf sich etwas wünschen.
Natürlich wünscht Marie sich etwas.
Aber verraten darf sie es nicht.

Der Pony-Schlüsselanhänger

Du brauchst:
- 1 dünnes Lederband (Bastelladen)
- Wildleder-Rest
- 14 naturfarbene Holzperlen
(ca. 0,5 mm Durchmesser)
- Transparentpapier
- Stift
- evtl. Klebstoff
- Schere

1.
Übertrage das Pony-Motiv mit dem Stift auf
Transparentpapier.

2.
Schneide das Motiv aus und lege es auf das
Wildleder. Umfahre das Motiv mit weichem
Bleistift. Nun kannst du das Pony aus Wildleder
ausschneiden. Der Schlüsselanhänger wird
besonders haltbar, wenn du zwei Ponys
ausschneidest und sie aufeinander klebst.

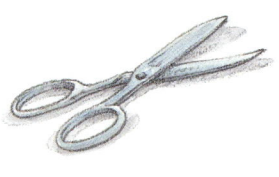

3.

Durchbohre das Pony mit einem spitzen Gegenstand. Lass dir dabei von einem Erwachsenen helfen.

4.

Ziehe das Lederband durch das Loch, und verknote es über dem Ponyrücken. Schneide eines der beiden Enden ab. Über das andere Ende ziehst du die Holzperlen. Bilde am Schluss eine Schlaufe – so wie auf der Abbildung –, und verknote das Ende des Bandes.

Maria Seidemann

Das Leben im Mittelalter

Das Mittelalter ist die große Zeit der Ritter. Es ist aber auch die Zeit mächtiger Könige, armer Bauern, fahrender Händler, frommer Mönche und vieler anderer Menschen. Dieses Buch erzählt interessante Geschichten aus einer spannenden Zeit: vom regen Handel der Kaufleute, von der Geschicklichkeit der Handwerker und von den gefährlichen Reisen der Pilger.

48 Seiten • Gebunden • Ab 6 Jahren • Mit zahlreichen farbigen Illustrationen

ISBN 978-3-401-06281-5

www.arena-verlag.de

Hauke Kock

Die Wikinger

Wer waren die Wikinger? Warum waren sie in ganz
Europa als kämpferisches Volk gefürchtet? Und welche
Entdeckungen machten die geschickten Schiffsbauer
auf See? Dieses Buch erzählt vom Alltagsleben der
Wikingerfamilien in ihrer Heimat, von den Seefahrten
der wilden Nordmänner ins Ungewisse und von
neuen unerforschten Ländern.

48 Seiten • Gebunden • Ab 6 Jahren • Mit zahlreichen farbigen Illustrationen

ISBN 978-3-401-06284-6

www.arena-verlag.de

Arena

Hans Peter Thiel

Wale und Delfine

Katrin kennt sich aus mit Walen und Delfinen. Da kann sogar
ihre Tante noch etwas von ihr lernen, denn die weiß nicht
einmal, dass Wale keine Fische sind. Hier können Kinder
das geheime Leben der faszinierenden Meeressäuger ent-
decken. Die bunten Illustrationen zeigen die großen und
kleinen Walarten – denn es gibt Delfine, die nicht größer
sind als ein Pinguin, und Blauwale so groß wie ein Flugzeug.

48 Seiten • Gebunden • Ab 6 Jahren • Mit zahlreichen farbigen Illustrationen

ISBN 978-3-401-06285-3

www.arena-verlag.de

Arena

Margot Hellmiß

Die Feuerwehr

Tatütata, die Feuerwehr …
Hier erfahren Kinder, was Feuerwehrleute alles
machen – vom Feuerlöschen bis zum Einfangen
entlaufener Zootiere. Die Leserinnen und Leser begleiten
die Feuerwehrmänner bei spannenden Einsätzen und
lernen auf anschauliche Weise die Aufgaben und
die Ausrüstung der Feuerwehr kennen.

48 Seiten • Gebunden • Ab 6 Jahren • Mit zahlreichen farbigen Illustrationen
ISBN 978-3-401-06286-0

www.arena-verlag.de

Arena

Rainer Crummenerl

Die Erde, unser Planet

Warum ist unsere Erde ein ganz besonderer Planet?
Was befindet sich im Inneren der Erde? Wie sind
die Meere und Kontinente, Berge und Flüsse entstanden?
Und warum gibt es Erdbeben und Vulkane, Gewitter und
Wirbelstürme? Mit vielen Erklärungen und aufschluss-
reichen Illustrationen zeigen diese Sachgeschichten
ein spannendes Bild unseres blauen Planeten.

48 Seiten • Gebunden • Ab 6 Jahren • Mit zahlreichen farbigen Illustrationen

ISBN 978-3-401-06283-9

www.arena-verlag.de

Arena